大家小小书

篆刻 程方平

中国历史小丛书

新编历史小丛书

新编历史小丛书

乐毅传

熊剑平

著

北京出版集团
北京人民出版社

目　　录

引　言

　　战国的历史进程，恰似一群疯子的轮盘赌。尤其是中前期，魏国、齐国和赵国等，曾经轮流坐庄。正所谓你方唱罢我登场，各领风骚数十年。直到秦国的迅猛一击，局面才发生了根本改变。

　　因为有着出色的战争决策能力和高超的运筹指挥能力，乐毅也曾一度参与这场疯狂的赌局，成为一名技术高超的"职业操盘手"。

乱局之中，其实谁都有过机会。即便弱小如燕国，也因为有乐毅的出现，几乎完成了蛇吞象的壮举：只差一步便将强大的齐国整个吞并。列强的竞赛，起初是交替领先，只有秦国笑到最后，其他各路诸侯纷纷遭到无情碾轧。秦国之所以能够实现统一，可以总结出千万条原因，但如果细细推敲，也与乐毅这位重量级"职业操盘手"有一定关联。因为齐国的衰落，秦国就此一家独大。而齐国忽然衰落，燕国悄然崛起，都与乐毅密不可分。换句话说，也是齐国的中衰，为秦国送来一记神助攻。乐毅送来的，则是间接助攻。

战国中前期的齐国，一度非常强盛。它的衰落，首先是因为统治者自身的昏昧，做出了错误的战略决策。加上有乐毅这种风云人物的先后登场，深度参与到这场轮盘赌中。齐国快速向前发展的进程，也就此骤然发生改变。

不能不提及的还有苏秦，以及大胆起用他们的燕昭王。乐毅在正面战场的出色指挥和苏秦在隐蔽战线的成功运作，以及燕昭王临危不乱的坐镇指挥，形成了很好的呼应。因此一群人的集体发力，才能改变历史前行的步伐，至少是改变了齐国和燕国的发展历史。

因为战争频仍，乐毅的时代充满着不确定性。各国都在疯狂地发展军事实力，但最多只是达成短暂的平衡。一旦有某个强国崛起，其他列强则只能俯首称臣。乐毅的出现，仿佛也在打破这种不确定性，也顺带打破这种短暂的平衡。

一、生逢乱世

1. 名将之后

公元前403年，魏斯获封文侯，标志着他正式成为一方诸侯，而且是有合法身份证的那种诸侯。常言道，名不正，则言不顺。魏文侯获得了正名的机会，意义非比寻常。就连日常照镜子，他都能发现自己变帅了很多。虽说册封他的那个人，也就是周天子，早已是威风扫地，勉强顶个天子之名而已。

　　魏文侯此后带领魏国走上一条快车道，快速向前发展，并且一跃成为中原霸主。他找到了富国强兵之策，因而能够顺利地开疆拓土。

　　作为一国之君，魏文侯的领导才能获得举世公认。因为领导有方，在魏文侯手下聚集了不少贤能。文则有西门豹、李悝，武则有吴起、乐羊，在当时都是赫赫有名的人物。

　　西门豹，想必不用多做介绍，著名的政治家，同时也是一位水利专家。尤其是在邺城（今河北临漳县一带）治水的经历，广为人知。他不仅根治了水患，同时还惩治了恶霸和巫师，使得一方百姓自此安居乐业。李悝，法家的代表人物，被魏文侯任命为相之后，主持变法，使得魏国迅速崛起。吴起，想必也不用多做介绍，在漫长的古代社会，他和兵圣孙武齐名，并称"孙吴"。

我们想多说几句的是乐羊。这位乐羊，正是乐毅的祖先，也是一代名将。而且，乐羊也是一位有故事的人。

乐羊起初只是魏相翟璜的门客。魏文侯决定发兵攻打中山国，翟璜举荐乐羊。乐羊经过三年努力才击败对手，但他长期领兵在外，背后有不少人对他竭尽诽谤之能事。不少人诬告乐羊通敌，诬告的书信不知不觉之间已堆成了小山。但是，魏文侯不为所动。所谓疑人不用，用人不疑，或者说箭在弦上不得不发，魏文侯继续重用乐羊。而乐羊则用辉煌的战绩作为回报。论功行赏时，乐羊也没有居功自傲，而是盛赞"主君之力"，把功劳都算在魏文侯身上。这表面上看是为自己加分的动作，其实也是在努力地避开祸端。"狡兔死，走狗烹"的道理，乐羊不是不懂，他不想成为这样的走狗。

乐羊还做出了一个异常出格的举动，招来无尽的非议。当看到乐羊率领大军步步紧逼，绝望之中的中山国国君，也想出了报复乐羊的奇招。他杀死乐羊的儿子乐舒，并煮成肉羹送给乐羊。没想到乐羊的反应，令所有人都感到震惊。只见他端坐在中军帐之内，面不改色地全部吃完。

这一出格行为，一度被不少人视为表忠心之举，也差点博得魏文侯的赞赏，但就在此时，有人表示出极度的不屑。他们对魏文侯说："乐羊连自己儿子的肉都可以吃，还有谁的肉不敢吃呢？还有什么事情，是他做不出来的呢？"魏文侯听到这番议论之后，也开始怀疑乐羊的品性有问题，但还是考虑到他立有战功，将其封在灵寿。

在历史上，也有人称赞乐羊此举并非毫不顾及"父子之恩"，而是因为心中另存大义。所谓"大义"，就是向魏王表示忠心，努力躲避无妄之灾吧。当然，敢于发出这种赞叹的，毕竟还是少数。尤其是在注重孝道的中国古代社会，更是少之又少。

当时，乐羊因为功高盖主，而被魏文侯怀疑，很少有人能体察到他真实的内心世界，更无法理解他内心深处的悲愤和无奈。

乐羊死后，被安葬在灵寿。而且，乐羊的后代子孙，始终都在灵寿安家落户，繁衍生息。直到很多年之后，乐毅出生了。

由于出身于名将之门，乐毅从小就有机会接触兵书战策，深入学习兵略。他出色的军事才能，想必也与特殊的家世有关。

在特殊的年代，兵学也能成为私家之学。最著名的要数孙武，就是写作《孙子兵法》十三篇的那位。他的前辈中有司马穰苴，也称田穰苴，他的后辈则有孙膑，都是著名的军事家。这孙家，和田氏代齐的那个田氏，是一家人。田家后来又出了一位名将叫田单，在齐国面临绝境时和乐毅展开生死肉搏，巧妙使用了离间计才取得了胜机。这里先不做过多的剧透，更多的细节留待后面再说。

和孙武一样生逢乱世，刻苦研究军事问题，积极探讨救世方略，成为乐羊这个家族的主业，就此也深深影响到乐毅。乐毅甚至视之为平生的最大爱好，因此而显得格外的出类拔萃。

但是，乐毅已经没有机会继续留守故园。动荡的政局之下，他被迫四处辗转。不知何时，他已经流落到异国他乡，来到了邻近的国家赵国。赵国、魏国和韩国既是"三家分晋"的主角，必然也都是近邻，但也曾在战国时期生死相搏。乐毅曾流落赵国，后来又返回魏国，又曾长期在燕、赵之间辗转，想必距离故土都不是很远。

2. 雄心勃勃的齐国

战国这空前动荡的乱世，传说有只神奇的兔子在中原奔跑，各路诸侯原本都有机会捉住它。不只是魏国，不只是齐国，不只是楚国。包括赵国在内，各路诸侯和秦国一样，其实都有追逐兔子的机会。人人都有机会，于是人人都跃跃欲试，于是你争我斗，无休无止。

魏国的国运也在悄然发生着变化，齐国则悄悄地加快了追赶的步伐。

在经过文侯、武侯前赴后继的努力之后，魏国一度非常强盛，甚至有席卷天下之势。没想到，正处在上升期的魏国，迎面遇到了最会折腾的魏惠王（也称梁惠王），国运开始渐渐转衰。他图强称霸的种种努力，只是瞎折腾，成为别人的笑柄。由于锋芒毕露，太过急于求成，魏国忽然成为众矢之的。四处出击换来的是四面楚歌。就连父辈和祖辈辛苦创造的基业，也都随着桂陵之战和马陵之战的失败，而被挥霍殆尽。

魏襄王即位后，魏国加速向下滑行。孟子和魏襄王有一段非常有名的对话，令我们牢牢地记住了孟子的迂阔，同时顺带记住了魏襄王的傲慢。

看到孟子求见，魏襄王直截了当

地问道："天下到底要怎么样才能获得安定呢？"

孟子不冷不热地回答："等到天下统一，就一切安定了。"

"那么，谁能够实现统一天下呢？"

"不喜欢滥杀无辜的，不热衷于发动战争的，才能够最终统一天下。"

魏襄王此刻已经憋不住，而且非常不厚道地笑了，他接着反问道："如果不是通过战争，那么有谁会心甘情愿地归顺呢?！"

面对这样的魏王，换成别人可能早就失去了耐心，但孟子还是决定将对话继续下去，并耐心解释。只是魏襄王并没有耐心去听孟子的慷慨陈词。他努力克制着不笑，并在内心发出鄙夷：

"迂腐的书生，太迂腐了！太天真了！如果不拿起武器战斗，不去杀人，那就只会被别人杀死！"

二人之间的对话，已经无法再继续下去。孟子就此改道前往齐国。他了解到齐国的政局已发生改变，喜欢游说之士的齐宣王已经即位。在齐宣王的领导之下，齐国的国运蒸蒸日上，稷下学宫也已经成为天下士人的聚集之地。齐国，在战国之世已经悄然崛起。

孟子认为，不喜欢杀人的才能最终统一天下，魏襄王对此并不认可。齐宣王也不认可，但他愿意与孟子交流。

其他各国君主，尤其是秦王，怕是更不认同。他们都在默默地扩军备战，积蓄力量，为的就是杀人。通过杀人的方式，来统一天下。最终的结果，杀了更多人的秦国把这件事办成了。

齐宣王不仅愿意与孟子交流，还尝试过用杀人之外的方法来统一天下。或者说，尽量少杀一点人。只是他的尝试失败了。而且，即便在他尝试用杀人的方式来达成目的时，是乐毅站出来阻止他。

齐国自春秋之世开始，就长期保持着老牌强国的地位。春秋早期，齐桓公在管仲的辅佐之下，在齐国推行了一系列重大的改革，建立起辉煌的业绩，帮助齐国迅速走向强盛并开启了中原争霸的先河，一举登上霸主之位。

等到管仲和齐桓公先后去世，齐

国霸业随即宣告衰落，诸侯重现混战局面。偏居一隅的齐国，虽说实力大不如前，却仍能凭借山河之险，维持相对的安定，甚至成为避祸的好处所。

陈国公子陈无宇就是因为避祸而来到了齐国。后来，他在一次战斗中立了军功，因此被齐王赐姓田。由于顺应民意，田氏在齐国越发的壮大，进而成为左右齐国政坛的重要力量。公元前481年，田成子看到时机成熟，便杀死齐简公而专齐之政，史称"田氏代齐"。

齐国在田氏执政后也展示出新气象。齐威王企图重现当年的桓管霸业，年轻有为的邹忌被任用为相，齐国逐渐欣欣向荣。著名军事家孙膑和田忌等人则扛起御敌大旗，在对外战争中连续取得胜利。

曾经不可一世的魏国，正是在齐国军队面前败走麦城。孙膑率军击败庞涓，魏国自此走向下坡路，齐国则趁势崛起，以至诸侯各国二十余年不敢对齐国用兵。这一局面，直到乐毅的出现才发生改变。

齐宣王时期，齐国国力进一步上升。孟子其实也并非人们所想象的那般迂阔，选择来到齐国，实则是选中了一只"绩优股"。

见到齐王后，二人之间免不了又是一场有名的问对。

齐宣王单刀直入就问道："先生博学多闻，能帮我讲一下当年的齐桓公和晋文公那些事吗？"

就是这样一问，气氛立即转向尴尬。因为观点明显合不拢。齐宣王想要达成的是霸道，孟子竭力兜售的则是以仁政为核心的王道。

好在孟子遇到的尴尬也多，早已习惯。两位都尴尬，但是脸上都堆着笑容。

虽说后面的对话很难再继续下去，但齐宣王还是对孟子以礼相待。能容不能容，能忍不能忍，这样的人往往惹不起。只有这样的人，才能成就大事业。

齐宣王雄霸天下的决心，昭然若揭。对于天下士人，他都给予足够的礼遇。兴办稷下学宫，目的就是大量招揽人才，并给其畅所欲言的自由和空间，促进学术思想的繁荣，也为治理国家找到合理建议。簇拥在齐宣王周围的那些"不治而议论"的稷下先生，也为齐国复霸乃至统一天下进行着思想、制度和舆论的准备。各个学派的知识精英云集临淄。不管是儒、墨，还是道、法，只要在政治、经济、军事等各方面能给齐王提供一家之言，均可获得政府的无偿供养，甚至是优厚的俸禄。

这样的齐国，其实是谁也惹不起的。如果齐国一直按照这种惯性向前发展，其他各国能有机会吗？秦国能有机会吗？中国的历史发展是不是会呈现另外一番走向呢？

当然，当时的局中人，是一定不会想到这些的。乱世之中，大家想到的都是争当英雄。仿佛满大街都是英雄，于是纷争不已，于是遍地流血。孟子说不爱杀人就能统一天下，被无情地打脸。

就连宋国也以为获得了良机，妄图一振。喜欢臭美的宋康王，总爱照镜子，认为自己才是整条街最靓的仔，于是按捺不住也开始称王了。遗憾的是，没有称王时，别人尚且不会关注他。一旦称王，便意味着开始找揍。不久之后，宋国就被齐国揍得灰头土脸，而且就此不治而亡。

齐国全力攻燕，等于改弦易辙，完全放弃了当初的执政理念。不巧的是，他们遇到了不甘屈服的燕昭王，而且迎面撞上了乐毅。

面对强大的齐国，乐毅不仅敢于说"不"，而且还敢于出手。

3. 魏国求职

乐毅起初所在的赵国，因为有赵武灵王的领导，也一度非常强盛。

赵武灵王也是奋发有为的君主，列强之中也曾经呼风唤雨。他的成功，得益于"胡服骑射"。这一招挺狠的，把传统都打破了。为了增加国民的血性，赵武灵王号召全体国人改穿胡服，努力学习骑射之术。民众之中，积极倡导的是尚武精神。赵国军队的战斗力，也由此而得到很大提高。

乱世之中，最为稀缺和最受欢迎

的就是军事人才。因为祖辈是魏国名将，而且乐毅本人也熟读兵书战策，所以很快就被发现和举荐。加上有这样雄心勃勃的赵王，乐毅很难不受到重用。

乐毅对天下局势，也有自己的分析和判断，而且也在一定程度上对赵武灵王产生影响，并左右着赵国的战略决策。在乐毅看来，秦国固然是头号强敌，但齐国也是不容忽视的劲敌。赵国要想在乱局之中有所作为，就必须拉拢魏国、燕国这些邻居，联合起来，共同对付齐国。

在此之后，乐毅一直主张"伐齐而存燕"，燕国和赵国也长期成为牢不可破的同盟，多少也和乐毅的这一思路有关。

战国时期，客卿制度大行其道，人才流动是天经地义的事。早晨还在秦国任职呢，晚上可能就已经在楚国领着薪酬了。"朝秦暮楚"这个成语，说的就是这一现象。

因为客卿制度，人才可以四处自由流动。这种流动现象，也成为战国时期一道独特的风景线。在客卿制度下，有不少纵横家都成为人生赢家。当然，也有失意者，湮没在茫茫人海中。"朝秦暮楚"慢慢就成为成语，而且带有贬义，说的就是他们。为了追求功名利禄，他们往往都没有固定之是非。但他们往往又都经过非同寻常的刻苦训练，因此也有本钱在各国之间游走。

是的，如果真的是人才，他就始

终无须担心找不到下家。只要待遇合适，目标一致，理念也大抵趋同，立即就可以签订一份"劳动合同"，获得再就业的机会。

为了和魏国结成更加牢固的同盟，乐毅也曾充分利用这种客卿制度。他决定赶往魏国，试图说服魏王，并就此获得重用的机会。乐毅的所作所为，其实和纵横家也有几分相似之处，只是不像某些纵横家那样，纯粹地只为追求个人功利，而且不择手段。

祖辈乐羊是魏国的将军，乐毅可谓名将之后。按理说，有这样的背景，他来到魏国后，本应不愁找不到合适位置。何况在赵国时，他就已经因为贤能和知兵而被人们所熟知，甚至是受到举荐。乐毅大概在内心也颇有几分自信，魏国想必会对自己给予一定的重视吧。

此时的魏国，由昭王主政。要说起这位仁兄，可谓生不逢时。由于国运衰退，魏国一再受到秦国的欺辱，不断地丧师失地。虽说魏昭王也试图振作，但是一切对他来说，都显得太难了。在当时的情势之下，要想扭转颓势，首先当然是发展综合实力，但是时间已经不太允许。与此同时，还需要四处招揽人才，但这也是一件难事。因为当时的人才是四处流动的，要想留住真正的人才，往往也需要花费一定的本钱。何况对于人才，各有各的标准。有人会认为你是人才，但也有人会认为你只是个庸才。

乐毅和魏昭王的首次会面，效果显然并不理想，乐毅并未自此而受到重用。好马等的是伯乐。虽说乐毅正是急需的人才，但魏昭王缺少一双识人的慧眼。那么，魏国还能重新获得崛起的机会吗？显然不用指望。

那么，乐毅能实现自己当初的目标吗？也不用指望。至少眼下还不能。但他还是决定留在魏国，再耐心地等待一段时间。

对于乐毅，人们慢慢地开始了解并熟悉。再往后，各路诸侯都将慢慢地熟悉，并将牢牢记住他的名字。

二、齐燕交恶

1. 燕国沦陷

战国列强之中，就数燕国相对弱小，而且偏居东北一隅，因此只能长时间扮演着配角，并没有受到太多瞩目。如果没有乐毅的出现，燕国在群雄之中，始终都会是那种挨揍的角色。

当然，这并不是说燕国人都能耐得住寂寞。燕国也有非常喜欢折腾之人。燕王哙就是这样的主儿。麻烦的是，他可是一国之君啊。一旦这位仁兄折腾起来，一定是举国不得安宁。

燕王哙首先是个缺少主见的人。即位第三年，他就受到韩、赵、魏的怂恿，相约出兵攻打秦国。当时的中原，齐、秦、赵已渐成三足鼎立之势，本来就没燕国什么事。没想到燕王一定要掺和进来，刷一下存在感。这位仁兄并没有充分考虑到战争得失，稀里糊涂地就跟着去了，不久之后就稀里糊涂地败下阵来。身为国君，这样灰头土脸地败下阵来，自然很没面子。

身在魏国的乐毅，始终关注着周围各国的政局走向，当然也会留意燕国的政局变化。既然有如此荒诞的燕王执政，当然不用考虑谋求发展。接下来发生的变化，则更令乐毅大跌眼镜，而且一定出乎所有人的意料。

当时，子之任燕相，相对持重老练，遇事也有主见，遂有专权之势。一面是燕王哙长期疏于听政，一面是国事皆由子之决断，燕国自然会由此而陷入政治危机。有一次，子之收拾行装准备出门，忽然问左右："为什么前面会冒出来一匹白马？"左右连忙巡察一番，然后都非常诧异地回答道："没看到有白马啊。"没想到就在此时，忽然有位善于逢迎的小人追上来禀告说："前方果真有一匹白马！"子之非常愤怒，怒斥左右都是不可信之人。

见到子之如此嚣张，有人劝说燕王哙模仿尧舜，将大位通过禅让的方式移交子之。在进言者看来，即便燕王哙非常大度地让出君位，子之也一定会因为心存畏惧而竭力地加以拒绝，这样燕王哙反倒可以博得让贤的美名，同时也保住颜面。燕王哙听到这些劝说之后，也觉得很有道理，于是就有了禅让的打算。想到将来还有太子挽回局面的可能，燕王哙很快同意改由子之主持大局，自己则知趣地躲到王宫外边。

也有一种说法，这种禅让之所以会在燕国发生，和苏秦的弟弟苏代也有关系。由于子之与苏代已经结为亲家，苏代想帮助子之谋取大权，因此起了推波助澜的作用。

当时，苏代刚从齐国出使归来，燕王哙非常关心齐国局势，立即问他：

"齐王能称霸吗？"

苏代回答说："不能。"

燕王哙连忙又问："为什么？"

苏代说："因为他不信任臣僚。"

在这番对话之后，燕王哙把执政大权让给了子之。

这段对话虽说记载在史书中，但也很像在说故事。以当时情形推想，子之可能早已将燕王哙架空，并已取得了实际的领导权。后来的禅让也是被逼迫，走个流程而已。

战国时期，由墨家开始，一直在鼓吹禅让，没想到在燕国居然真实上演了这一幕。虽说燕王哙并非心甘情愿，甚至是被迫无奈，但燕国毕竟是第一个吃螃蟹的。

然而，禅让并不是墨家或儒家所描述的那样美好，燕国由此开始迅速陷入一场内乱。太子平和将军市被得知子之主政的消息之后，随即发兵攻打子之，结果遇到顽强抵抗。子之在平时非常注意聚揽民心，也深受百姓拥戴。关键时刻，京城百姓纷纷出手相助，反倒将太子平和将军市被杀死。这样一来，京城迅速乱成了一锅粥，整个燕国也就此陷入空前的动乱之中，而且持续几个月之久。死亡人数也在节节攀升，直到死了几万人。京城内外，到处都人心惶惶。

起初，齐宣王曾鼓动燕国太子整饬君臣大义，并申明父子名位，没想到太子平是如此中看不中用，刚一出手就把自己玩死了。眼看援助太子平遭到失败，齐王接着任命章子为大将，率领大军征伐燕国。此时，燕国士兵早已经毫无战心。他们干脆打开城门，任由齐军出入。齐国军队兵不血刃地攻入宫内，非常顺利地捕获子之，随即将其剁成肉酱。燕王哙也在这次战乱中被杀。

燕王哙的被杀，让赵国看到了扶助和联合燕国的良机。各路诸侯都看到了机会，但赵国的行动最为迅速。在赵武灵王的推动之下，此前曾栖身赵国的燕太子姬在乐池的护送之下，迅速赶回燕国，并争取到燕国贵族的共同推举，就是后来的燕昭王。

燕国虽说偏居一隅，但出现这样重大的变故，总会惹人关注。消息迅速传到中原，并令各国诸侯都为之震惊。既然燕国已有新君即位，大家都在琢磨着何时派出使者，或者派出什么样的人担任使者。

在得知燕昭王即位的消息之后，魏昭王随即任命乐毅作为使者来到了燕国。乐毅也由此获得与燕昭王见面的机会。

虽说素昧平生，但是乐毅与燕昭王倒是一见如故。得知乐毅来访，燕昭王按照最高规格的宾客之礼破格进行接待。乐毅起初并不敢接受，并且诚惶诚恐地向燕昭王敬献预先准备好的厚礼。

在交谈过程中，乐毅根据燕国的实际情况和所处局势，为燕国进行了很好的战略规划和长远设计。因为是为燕国量身定制，所以也因合情合理而令燕昭王刮目相看。燕昭王当即就表示出重用乐毅的强烈意愿。乐毅猛然想起自己只是使者的身份，并不敢立即接受。但是，燕昭王始终是以诚相邀。在经过几番推辞和谦让之后，乐毅终于领命，就此被任命为亚卿，留在燕国全力辅佐燕昭王。

　　燕国虽说国力弱小，而且地处偏远，但因为有乐毅的出谋划策，自此开始走向富强之路，而且在列强争霸的格局中，一举开创了大场面，令各路诸侯都为之侧目。

2. 求贤

　　燕昭王处心积虑地希望能报仇，但他也知道齐国实力强大，地位难以撼动。郭隗看出燕昭王的心思，建议他礼贤下士，四处招揽人才。

　　郭隗能够看出的问题，燕昭王不可能没有丝毫体会。但燕昭王还是虚心地向郭隗请教："寡人地狭民寡，所以才眼睁睁地看着齐人取我城池，匈奴驱驰边境。孤之不肖，您已经知道，我怎么样才能保持宗庙传承，确保社稷安稳呢？这存亡之间，有什么道可寻吗？"

　　看到燕昭王能有如此清醒的认识，郭隗笑着回答说："办法是有的，必须要四处寻访贤才才行。"

"那就请您具体说说，怎么样才能寻访到贤才呢？"燕昭王身体微微前倾，更加关切地问道。

郭隗接着说道："那些成就帝王之业的，往往把臣子当成老师；那些成就王者之业的，往往把臣子当成朋友；而那些推行霸道的人，会把臣子当成仆人；那些把国家一步步带向危困之局的，则把臣子当成俘虏。"

看到燕昭王听得更加入神，郭隗继续慷慨激昂地发表自己的看法："不仅如此，要想真正地求得有用之才，也要注意方法。"

"哦，请先生进一步具体明示。"

"如果是颐指气使的态度，则只

能招到厮役之才；如果南面听朝且不失
揖让之礼，则只能招到人臣之才；如果
忘记自己是一个国君，不是以这种强势
的态度，那就可以招到朋友之才；如果
是更加谦逊的态度，那就可以招到那种
师傅之才。所以，如果确实想成就王霸
之道，郭隗请求大王广开渠道，能给天
下之士获得重用的机会。"

　　郭隗的分析可谓有理有据，深深
地刺激并彻底打动了燕昭王，令他大有
拨云见日之感。

　　面对越说越激动的郭隗，燕昭王
按捺不住地欣赏，连连点头称是。从此
之后，燕昭王在郭隗面前始终自降身
份，将其奉为座上宾。与此同时，他也
始终用虚怀若谷的态度对待天下士人，

广纳四海之内的贤能之士。

乐毅来到燕国，固然是受到魏国的派遣。但是，因为燕昭王有这种虚怀若谷的真诚态度，才使得乐毅最终改变主意，自此委身燕国。这种真诚，是燕国招才纳贤的基础，也是燕国迎来复兴的基础。燕昭王因为招来乐毅这样一位重要助手，并且给予了充分的信任，才成功迈出复仇大业的第一步，而且也是最重要的一步。

除乐毅之外，还有不少人陆续受到感召，也都千里迢迢地来到燕国。比如，苏秦从东周赶来，邹衍从齐国赶来，剧辛从赵国赶来……这几位都堪称当时的风云人物，眼下都争先恐后地来到燕国，成为燕昭王的重要参谋和助手，深刻地改变了燕国的面貌。尤其是苏秦的出现，让乐毅的价值得到更为充分的展现。他们二人，一个在明处，另一个在暗处，二人互相配合，是帮助燕国实现复仇大业的关键。

3. 孟子的劝谏

齐宣王出兵燕国，一度想继续控制燕国的政局。他和孟子又进行了一番对话，也流露出他内心的真实意图。

有一次，齐宣王志得意满地召来孟子，假装谦卑地请教道："有人建议我不要攻占燕国，有人却建议我乘机吞并它。我正犹豫着呢，不知道该怎么办。"

孟子微微一笑："大王的内心其实是有主意的。"

齐宣王只得继续说道："在我看来，以万乘之兵去进攻另一个大国，五十天时间就顺利征服了，这种战果，单靠人的力量是办不到的，只能说是天意吧。既然是天意，眼下我若是不吞并燕国，恐怕上天就一定会怪罪于我，并降下祸端。这是我万万承受不起的。所以，我想把燕国就此并入齐国的版图，先生您看怎么样呢？"

看到齐宣王这样的态度，孟子还是不紧不慢地耐心进行劝说："大王吞并燕国之后，如果看到人民都很高兴，那就吞并吧。上古时期，确实也有这么做的，而且做得很成功，比如周武王，比如周文王。"

听到这里，齐宣王忍不住微微点头，内心大概已经开始暗自念叨："甚合孤意，甚合孤意。"没想到接下来，孟子话锋突变，并没有继续给齐宣王面子。他说："要知道，齐国是依靠着万乘兵车来征讨，那里的百姓因为受到了内乱之苦，所以才会捧着食品、端着茶水前来迎接齐军，希望齐国军队能救助他们。这种心情不难理解，就是为了早点跳出水深火热而又连绵不绝的战祸啊！但是，如果齐国接下来的统治，使得燕国的民众重新回到水深火热之中，甚至是水更深火更热，那么燕国的百姓不仅不会答应，而且很快就将投奔别的国家。"

燕国覆灭的消息很快传了出去，并震惊了各路诸侯。当然，诸侯各国，在此时也还是各怀心思。有的采取观望态度，有的想趁机分一杯羹，有的则策划着如何实施援救。他们真心实意地联手，还需要等待乐毅的出马，还需要更差的消息传来。

孟子劝齐宣王释放被捕百姓并推举新君，然后迅速从燕国撤兵，却没有被齐王采纳。结果不久之后，燕人纷纷反叛，令齐宣王感到非常后悔。孟子鼓励齐宣王说："古代的君子，知道错误后就会改正，民众因此会更加景仰他。"

此后，齐宣王和孟子还会围绕着齐国的王霸大业，不时地聊上一阵。有时候非常务实，有时候非常玄虚。齐宣王固然欣赏"不治而议论",但他内心深处对于孟子究竟是何态度,怕是连他自己也不是非常清楚。和那些追求实用的稷下先生还不太一样,孟子致力追求仁政,是彻头彻尾的儒者。孟子所说的那些道理,齐宣王有时候觉得非常迂腐,有时候觉得非常高妙。

即便是孟子决意离开齐国,他对齐宣王还有一些真诚的警告。孟子说:"齐军本来是拯救燕国民众,结果入城之后,军纪涣散,烧杀抢掠,和强盗无别,这必然让燕国民众大失所望,并全力反抗。何况天下本来形成均势,齐国如果过于强大,占领燕国后,各国必然会联合出兵攻打齐国。"

孟子的这些话,明显有点刺耳,

也令齐宣王一度感到不悦。但是，当齐宣王真正冷静下来，他也会觉得孟子说的话非常有道理，而且会不时地想起。

要想实现真正的王道，需要的是为民除害，而不是滥杀无辜。这一层道理，齐宣王其实也懂，所以孟子所说的那些建议，他不是没有最终接纳的可能。可惜孟子还是执意要离开齐国，而且九头牛也拉不回来。这多少也有点让齐宣王感到意外。

其实还有一点齐宣王没意识到，那就是，齐国已经与他自己当初所设想的模样越走越远，也不复是当初的齐国了。至于齐湣王执政之后的齐国，更是他所无法掌控的，以致差点被燕国掀了个底朝天。

4. 燕国复兴

既然栖身燕国，乐毅和燕昭王就会不时地见面，探讨治国良方。燕昭王并不喜欢那种"不治而议论"式的谈天说地，他和乐毅等人的交谈，也都有着非常明确的主题。而且，目标只有一个，就是努力地推动燕国尽快实现复兴，并最终完成复仇大业。

在乐毅等人尽心尽力的辅佐之下，燕昭王拉开了他变法图强的序幕。在燕国上下，燕昭王展开了一系列积极的政治和经济改革。在选拔官员时，他始终是从官员的才能出发，给予适当的岗位，而不是完全凭借个人喜好，更不会任人唯亲。对于真正的有功之士，燕昭王一定给予适当的奖赏，激励其他人跟进；对于犯有罪过之人，一定给予严厉的惩罚，对其他人给予适当的警告。在平时，燕昭王非常注意和百姓同甘共苦，带领着全体民众逐步走向富强之路。

燕昭王尤其注意提高军队的战斗力。作为知兵之将，乐毅对于治军可谓颇有心得。在他的建议下，燕昭王悄悄地加紧军备建设，逼迫全体士卒加强训练。燕昭王通过各种方式，使得全体将士逐渐放弃安逸念想，变成战场上能够慷慨赴死的勇士。

总之，经过长达二十多年的艰辛努力之后，燕国已经逐步走向富强，拥有了向齐国复仇的本钱。

多年之后，乐毅还清楚地记得燕昭王和他谈话的每一个细节。这些细节，乐毅在给燕惠王回信时，都默默地进行了回想，然后写进了《报燕惠王书》。

二人之间的谈话主题，除了燕国，就是齐国，而且都是关系到燕国生存发展的大计。他们尤其关注的是齐国方面的压迫。齐国作为强敌，始终存在，而且这是燕国长期面临的最为现实的问题，燕昭王和乐毅当然都非常关心。

燕昭王首先挑起话题，他说："我跟齐国之间的仇怨，已经积攒得太久。自从齐国把我国覆灭之后，我对齐国的国君，只剩下了深深的仇恨。当然，我也知道燕国非常弱小，要想击败齐国，并没有多少把握。尽管如此，我还是要始终把复仇大业作为在位期间最重要的任务。"

面对复仇心切的燕昭王，乐毅并没有留什么情面，而是非常务实地浇了一盆冷水。虽说他已经是燕国的亚卿，但他还是能从旁观者的态度看待问题。

乐毅非常冷静地回答道："齐国是个大国，而且至今仍然保留着作为霸主的基业。在与列强的争夺中，他们也有很多次战胜别国的经验。一直以来，齐国的士兵都是训练有素，而且谙熟进攻方略。大王如果真想要发兵攻打齐国，单靠燕国的现有力量是完成不了的。"

对于齐国和燕国之间的军事实力对比，燕昭王其实也心知肚明。但是，当他听了乐毅这番冷静客观的分析之后，燕昭王还是在内心深处感到一丝不安。难道真的复仇无门？他不甘心。只见他俯下身子，关切地问道："既然如此，依先生之见呢？燕国到底有没有机会获胜？怎么样才能获胜？"

"必须与天下的诸侯联合起来，共同举兵才能击败齐国。"乐毅果断而又坚定地回答。

"想请先生更为具体地说说。"燕昭王从乐毅果断而又坚毅的眼神中，仿佛立即看到了机会，于是进一步关切地问道。

只见乐毅不紧不慢而又异常沉稳地回答道："如果想与天下诸侯结盟，不如首先考虑和赵国结盟。淮北地区和宋国这些地方，长期以来都是楚、魏非常想占有的地盘，我们燕国可以巧妙地利用这一点，来对它们进行拉拢。赵国如果同意和燕国结盟，那就努力和它们保持友好。在此基础之上，再继续争取联合其他几个诸侯，共同出兵，联合攻打齐国。只有这样多国联手，才能彻底击败强大的齐国。"

"是的，联合赵国，联合诸侯……"燕昭王在内心深处也已经开始默默念叨起来。

乐毅的这段分析，完全建立在他对诸侯局势的长期关注和周密分析的基

础之上，同时也得益于长期学习和训练
而得来的战略素养。对于他的这番分
析，燕昭王当然也能接受并理解。

　　曾经委身赵国，燕昭王深知赵国
对于自己和燕国的重要性。很显然，没
有赵国的扶持，就没有他今天的王位。
没有赵国的支持，他的复仇计划只能成
为梦想。所以，当他听到乐毅这番话之
后，立即深以为然，随即派他作为燕国
的使者，迅速赶往赵国。燕昭王交给乐
毅的任务非常明确，那就是全力拉拢赵
国，争取发展成为伐齐的主要援兵。

　　乐毅曾经在赵国居住，也成为两
国联合的一个坚强纽带。此后，他长期
在两国之间奔波和联络，因此能先后担
任燕国和赵国的相国，得以同时身佩两

国相印。燕国和赵国也有深度合作的基础，因为它们都会视齐国为共同的敌人。包括其他诸侯，也有发展联络的基础。比如魏国，也曾是齐国的死敌，因此才能最终与燕国走到一起，进而发展成为牢固的同盟关系。

5. 最强卧底

即便有乐毅等人相助，燕昭王的复仇大业还得等到齐国换了主人才行。毕竟齐宣王相对清醒而务实，不太容易出昏招儿。虽说在对燕国的态度上，齐宣王一度摇摆不定，但最终还是选择让燕国复国，并撤回军队。面对这样的齐王，燕昭王也许真的找不到机会。所以，他只能再等等。等到齐宣王去世的那一天。

公元前300年，齐国迎来了又一次王位更替。宣王在执政多年之后，最终也到了寿终正寝的那一天，继位的则是湣王。

齐湣王在执政之初，重用的是孟尝君，并在他的辅佐之下使得韩国和魏国两个大国先后臣服，就连和秦、楚的多次交战也完全不落下风。此时的齐国，此时的齐湣王，走路都是学着螃蟹的样子，完全是一副惹不起的架势。

但是，齐湣王毕竟在执政水平和执政理念等方面，和齐宣王都存在着不小的差距，很快就导致齐国和诸侯之间的关系也悄然地发生改变。因此，只有等到齐湣王即位之后，燕昭王和乐毅才算是等来了机会。

　　齐国君臣地位的变化，也是导致齐国局势和国运发生改变的一个重要因素。此前倾尽全力辅佐齐湣王的孟尝君，在齐国的地位越来越高，导致不少人都觉得他有点飘，纷纷站出来说他坏话。终于有一天，就连齐湣王也开始对他失去信任，甚至怀疑其有二心，并就此罢免了他的一切职务。孟尝君也深深懂得"飞鸟尽，良弓藏"的道理，即便有功于齐国，他也非常担心大祸临头，只能匆忙地逃往别国。齐国的国运和齐湣王的命运，乃至燕、齐的关系等等，也都由此开始悄然发生着变化。

　　燕昭王还是处心积虑地要报仇。

踌躇满志的苏秦也受到感召，不知何时他来到燕国。和乐毅一样，苏秦也自此成为改变齐国历史走向的重要人物。不仅是改变齐国的历史走向，甚至还同时改变了整个战国的历史走向。

苏秦是东周洛阳人，传说他曾在鬼谷子先生门下学习，还和张仪是同学。当然，20世纪的出土文献证明，这些情节都不过是后人的虚构而已。苏秦和张仪之间，差了不少年岁，有着很深的代沟，并不是同处一个年代。也就是说，苏秦和张仪虽然都是战国时期的风云人物，却不是携手出现。与张仪一纵一横的，更有可能是公孙衍，而不是苏秦。

和乐毅不同，苏秦早期曾受过很

多挫折。外出游历多年，只弄得穷困潦倒。等他狼狈地回到家里，只是迎来兄嫂等人讥笑："大家都在努力做事，只有你在干着耍嘴皮子的事，活该你这样穷困潦倒！"听了这些话，苏秦只能暗自惭愧，徒生伤感。此后，他闭门不出，继续埋头苦读《阴符》这种谋略之书。他相信凭着这些足以游说各国国君。只是他游说周显王等人，仍然受到挫折，没人搭理他。到了燕国时，才获得了燕昭王的信任和重用。

燕昭王和苏秦，一个有国仇家恨，另一个胸怀大志，二人一拍即合。因为获得燕昭王的充分信任，苏秦不失时机地献上他"谋齐"的策略。此后，苏秦得以有机会作为燕王的特使，多次出使齐国。只是他名为出使，实为卧底，悄悄地在齐国展开间谍行动。这一惊天阴谋，在燕国君臣之间实则已经酝酿多时，隐秘地付诸实施多年，直到齐国覆灭之日，才有少数人得以明白其中真相。

简单地说，燕昭王派苏秦到齐国的目的，就是使得齐国"西劳于宋，南罢于楚"。也就是说，努力使得齐国在攻打楚国的过程中削弱自己，同时也在攻打宋国的过程中四面树敌。要想达成这一目标，显然并不容易。这不仅需要依靠苏秦的三寸不烂之舌，同时还需要充分利用和掌握齐湣王称霸天下的战略野心。也就是说，苏秦借出使为名来到齐国，是要通过巧妙的游说，尽可能地改变齐国的战略方针。

就在齐湣王即位当年，即公元前300年，苏秦奉燕昭王之命第一次来到齐国。不过，苏秦此行并未能取得任何成果，最多也就是为齐国的新君送点贺礼之类。几年之后，燕昭王一度迫不及待地发动对齐的复仇之战，结果只是收获了一场失败。苏秦不仅未能劝阻燕昭王的鲁莽行动，而且只能匆匆地回到燕国，等待重新出发的良机。

等到再次来到齐国时，苏秦的阴谋终于达成。虽说"南罢于楚"的目标很难达成，但是"西劳于宋"的目标，还是可以逐渐达成的。在齐湣王面前，苏秦极力怂恿他全力攻打宋国，并将宋国的战略价值、攻宋的紧迫性和重要性都不遗余力地进行鼓吹。

　　凭借着长期练就的三寸不烂之舌，苏秦终于说动了齐湣王，使他下定了攻打宋国的决心。由于双方在实力上存在着巨大差距，齐国很快就在攻宋的战场上取得节节胜利。但与此同时，齐国在外交上也随即陷入被动，与秦、楚等国的关系，变得越来越差。尽管如此，齐湣王还是决意拿下宋国。他被眼前的利益所诱惑，却在一条通往深渊的道路上越走越远。

　　因为战略目标的调整，齐国军队全部都集中在西南方向，目标直指宋国。为了更好地麻痹齐湣王做出错误的战略决策，燕国甚至出兵相助，并成功使得齐军在燕国方向不再设防。被蒙在鼓里的齐湣王，日后将为此付出沉重代价，并且后悔不迭。因为这条空虚的防线，将会成为乐毅进兵齐国的不二之选，并给齐国带来灾难性的结局。

当然，天下没有不透风的墙。即便是最强卧底，苏秦的可疑形迹也有随时被发现的危险。冲锋陷阵的勇士，最担心的往往并不是前方的敌人如何强大，而是自己人在背后所发射的冷枪。

在燕国内部，早就有朝臣对苏秦的出使行动和目标等，表示过深深的怀疑。他们陆续向燕昭王进言，建议早日撤回苏秦，认为他在齐国始终碌碌无为，并白白地浪费财物。为此，苏秦被迫急忙向燕昭王表示忠心，说自己一定会"信如尾生"，牢记燕昭王赋予的使命。与此同时，他也希望大家不要再乱发议论，以免自己卧底的身份过早地暴露，并导致隐蔽行动的目标最终化为泡影。

与此同时，苏秦还要继续不遗余力地劝说齐湣王加紧攻宋的步伐，并努力地帮助齐湣王出主意，想办法。宋国在齐军连续的大规模进攻中，已经摇摇欲坠。宋国好歹也是一个二流强国，竟然被齐国逼得陷入绝境，可以充分说明当时齐军的战斗力之强。但是，齐国这种"秀肌肉"的疯狂举动，不免会引起诸侯各国的一片恐慌。

宋国即将陷落，齐国瞬间坐强，这大概就是各路诸侯等来的最差消息了。大家都一致认为，齐国才是国际安全的最大威胁。诸侯国也迅速由此而达成联合伐齐的共识，而且显得刻不容缓。乐毅则趁机从容地游走各国，游说他们尽快地联手出击。

三、豪强的衰落

1. 合纵

就在苏秦悄悄地展开隐蔽行动的同时，乐毅也正马不停蹄地在另一条战线上辛苦奔波。为了充分积蓄力量，同时也是为了找到一条更加合理的进兵路线，乐毅必须辛苦地在其他各诸侯国之间来回穿梭，与他们积极商谈联合出兵伐齐的可能性，并在齐国边境仔细侦察。

特殊的历史条件之下，乐毅可以在燕国和赵国同时任相。当时的人们都知道"燕赵共相，二国为一"。这里所说的"共相"，正是指乐毅。因为是两国之共相，乐毅可以同时指挥这两个国家的军队。这些是他此后攻齐的基本力量，同时也是他日后指挥五国联军的基础。

事实上，史书所载苏秦联络五国伐齐之事，其中不少都应该归功于乐毅才是。一方面，乐毅有着从事联络的种种便利。他不仅是"两国共相"，还有在魏国长期任职的经历。另一方面，苏秦长期在齐国充当卧底。固然也有外出担任联络任务的机会，但也有暴露身份的危险。战国时期的客卿制度，固然给人才流动带来了便利，但也给间谍潜伏提供了机会。在这种情况下，"敌中有我，我中有敌"自然也就成为常态。如果苏秦到处游走担任联络任务，就非常容易暴露其间谍身份。

汉代典籍的有关记载，也可以作为例证。比如《新序》中说："（燕昭王）于是乃使乐毅使诸侯，遂合连四国之兵以伐齐。"这其实非常明确地将联络诸侯的功劳记在乐毅身上，而非苏秦。后人对于苏秦的历史记载，存在着不少错乱现象，不仅是苏秦和苏代互相混淆，就连乐毅和苏秦的事迹也会张冠李戴。对此，司马迁也曾发出无可奈何之叹。多国合纵，乃至多国联军的形成，不排除其中也曾有苏秦之力，但更主要任务怕是都由乐毅完成的。

在乐毅和苏秦二人之外，曾经担任齐相的孟尝君，也曾参与合纵伐齐的联络工作。很显然，在孟尝君眼里，齐国也已经不复是当初的齐国。既然在齐湣王手中侥幸地死里逃生，孟尝君不可能再去为齐国卖命，反倒也在寻找一切机会给予报复一击。

正所谓"失道寡助"，在各路诸侯眼中，齐国也已经成为众矢之的。无论是谁从中运作和联络，各国都非常容易达成联合伐齐的共识。

在齐湣王最为强势之时，他曾与秦昭王共争帝号，秦王为西帝，齐王为东帝。虽说不久之后，齐湣王自行取消东帝的称号，仍旧以齐王自称，但他的企图已经被诸侯所知晓。在当时的情势之下，各路诸侯也需要在齐国和秦国这二者之间选择其一，做出类似于选边站队之类的选择。身处夹缝之中的各路诸侯，一度都打算背离秦国而归服于齐国，没想到齐湣王执政之后，将这种战略机遇白白丧失。只是因为他不肯放弃其狂妄自大的本性。

对外是骄横，对内则是暴政，诸侯和百姓都对齐湣王失去了耐心，已经无法忍受他的胡作非为。

本来就自以为身强体壮，又在攻打宋国的过程中取得顺利进展，齐湣王渐渐地完全失去理智，更加执迷不悟。他先是与赵国断交，继而和韩国、魏国关系持续恶化，就此也将自己和整个齐国推向万劫不复的深渊。

燕昭王眼见时机到来，不仅令苏秦加紧在齐国的间谍活动，获得有关齐国军队防守的第一手情报，同时也派出乐毅火速赶往赵国。来到赵国之后，乐毅顺利地去与赵惠文王订立盟约，约定了共同出兵的计划。

不仅如此，燕昭王还另外派出使者，试图争取楚国和魏国的支持。这两国对于伐齐，态度上有所不同。魏国愿意积极参与其中，楚国则打算采取观望态度，对于联合伐齐并不是非常热心。后来，当联军真正出动之后，楚国军队仍然是伺机而动，一度打着拯救齐国的旗号，也可以看出其实楚国采取的首鼠两端的暧昧态度。

联络诸侯的行动，都是在暗中悄悄进行，乐毅和燕昭王必须保持联络行动的高度隐秘。不仅如此，在齐湣王面前，燕昭王还是要努力保持着谦卑的姿态，至少要暂时维持着表面的友好关系。这么做的目的，一方面可以让齐湣王更加安心地集中精力展开兼并宋国的战争；另一方面则是在燕国方向预留了进攻路线。在这期间，齐湣王曾蛮横地无端杀死燕国一位将军，这件事足以让两国之间反目成仇，但燕昭王为了复仇大计，最终还是选择了忍让。

不久之后，齐国与相约称帝的秦国也全面交恶。苏秦怂恿齐王加紧进攻宋国的步伐，并全力阻止秦国出兵救宋。齐湣王这种疯狂冒进的举动，令秦国也深感不安，也因此而迅速加入联合伐齐的阵营之中。

在乐毅和燕昭王的辛苦运作之下，五国联军逐步形成。为了进一步麻痹齐王，联军最初的口号是共同伐秦。制订这一"明为攻秦，实为伐齐"的计划，目的就是充分联合韩、赵、魏等各方力量，乘着齐国主力全力攻打宋国之时，在其背后发起突然袭击。

韩、赵、魏三国，俗称"三晋"，有着与燕国联合的深厚基础。这不仅是因为春秋时期它们同属晋国，多少也和乐毅有关。乐毅此前曾先后在魏国和赵国任职，在联络与外交上有着天然的便利。除此之外，也和所处地缘战略环境有关。这三位小伙伴，实则是春秋时期晋国的三大家族的延续。春秋时期因为能够成功抱团，所以是谁都不敢惹的狠人。但在一分为三之后，忽然发现各自都是身处齐、秦两个大国之间，左右伸展起来都显得非常别扭。等到再想到重新联合时，也经常是各怀心思，好景不复当年。

夹缝之中的日子太过憋屈，三晋都不愿意忍受。如果能适时削弱其中一个，或者说消灭其中之一，那就再好不过了。齐湣王一贯出尔反尔，也更加坚定了三晋联合燕国共同伐齐的决心，甚至也希望秦国积极参与其中。此举的后果，当然是留下了秦国一家独大，这将对它们更加不利。但是它们都没有望远镜，无法探测深远的未来。

各路诸侯都已经意识到，骄横暴虐的齐湣王是大家共同的祸患，是他们前行的绊脚石，因此才会在燕国的撮合之下，很快就走上联合伐齐的道路。乐毅利用一切机会四处出访，在诸侯之中纵横捭阖，努力说服诸侯各国在伐齐之战中倾尽全力。当时列强之中，除了楚国之外，其他各路诸侯都已经悄悄地参与其中，并且在乐毅的主导之下，神不知鬼不觉地制订了严密的作战计划。

2. 联军出击

经过千辛万苦的多方斡旋，在达成既定目标之后，乐毅再次回到燕国。他立即将战争计划和作战准备情况向燕昭王进行了详细汇报。听了这次汇报之后，燕昭王对于伐齐有了更大的信心，对于复仇有了更强的决心。公元前285年，燕昭王动员举国之兵，举行了隆重的誓师大会，并当场任命乐毅为上将军，就此正式拉开了进攻齐国的大幕。

可以说，战国历史发展到此时，局势已经开始逐步明朗化。战国前期是群雄逐鹿的乱局，这种乱局之中，谁都有机会。不知何时，已经演变成齐、秦两强并驾齐驱的局面，因此才会有东帝和西帝之类的约定出现。即便这种约定很快就被取消，但这已经宣告齐、秦两强在争霸格局中占据了领先位置。

既然是两强争霸，齐国的快速发展，自然会让秦国感到担忧。齐国强行攻占宋国，更为秦国所不允许。虽说燕国和赵国在伐齐过程中态度最为激进，但秦国发力之狠，进攻态度之坚决，均为诸侯所始料不及。

眼看诸侯联合局面逐渐形成，秦国也已经悄然扮演起带头大哥的角色。

早在燕国宣布发起进攻的前一年，也即公元前286年，秦国实则已经率先宣布发起合纵攻齐的计划。秦昭王当庭宣布："齐王多次与寡人有约，却又多次食言。面对如此言而无信的齐国，一定要给予严惩，而且有齐无秦，有秦无齐，其势不能共生。"

是的，其势不能共生！秦王的这一宣誓，无疑是在列强之中扔下了一颗深水炸弹，令天下人都为之胆寒。这就问齐王发起总决战的宣言。

原来由燕国主导、由乐毅发起的联合伐齐行动，不知何时已经悄然变成由秦国主导。秦国仿佛已经从中看到让齐国一扑不起的良机。也许在秦昭王看来，这次伐齐，可以自此改变东西两强长期对峙的局面，令秦国长期从中获益。

眼见诸侯联合伐齐的大局已经初步形成，秦国更是积极展开外交斡旋。公元前285年，秦昭王与楚顷襄王在宛城会见，试图当面说服楚国出兵相助。此后不久，秦昭王又和赵惠文王在中阳会面，就具体进攻计划进行更为细致的磋商。在这之后，秦昭王又和魏昭王在宜阳会面，燕昭王又和赵惠文王会面。

通过这几轮密集的会商，诸侯已经初步确定了进攻方向和战争计划。由于燕昭王的巧妙伪装，燕国成为齐国最信任的"盟友"，因此，空虚的齐国北边防线，便成为联军首选的进攻方向。

为了确保伐齐之战的万无一失，秦昭王甚至派出御史起贾常驻魏国，主要目的就是推进和监督五国诸侯的合纵之事。此后指挥五国联军的重任之所以能交给乐毅，不仅是因为此前乐毅有在多国任职的经历，同时也一定是获得了秦国的鼎力支持。

为了给其他各国做出表率，秦国将军蒙骜指挥秦军率先攻击齐国的河东之地，并连续攻占九座城池，改设为秦国的县。秦国人出手，一向就是以狠、准、稳著称，绝不会轻易放过这次击倒齐国的机会。

既然如此，其他各国也必须迅速跟进。公元前285年，乐毅指挥其他诸侯国的军队陆续向齐国发起进攻。与秦国不同，乐毅的推进显得非常谨慎。至少在选择主攻方向时经过了长期的考察和周密的研究。乐毅不仅要找到一条合理的进攻路线，还想找到机会一举击破齐军之精锐。在经过再三斟酌之后，乐毅决定将主要进攻目标定位在济水西边的灵丘。

就连联军开进的序列，乐毅也和各诸侯进行过细致研究和认真商讨。在乐毅看来，秦国军队和赵国军队作战能力相对较强，因此可以将它们放在前锋位置，依仗着它们去摧城拔寨。燕国军队则负责殿后，同时留下主力伺机由北向南对齐国发起进攻。其他诸侯国的军队则混编成列，担负着支援和呼应的任务，并随时补充兵力。

当然，有一点令乐毅稍显尴尬。虽说是联军主帅，但乐毅能直接指挥的其实只有燕国和赵国的军队。要想推动其他诸侯国军队的前行，他必须多费口舌，花费很多力气去做协调工作。至于各路诸侯，虽说眼下是暂时联手，但其实也是各怀心思，也即所谓"共约而不同虑"。秦国为了向诸侯展示其领导地位，同时也为了在此役获取更大利益，强行派出起贾作为监军，足可以说明这一道理。更为要命的是，秦国出动大兵东向伐齐，不仅有趁机吞并韩国的打算，甚至还有顺道夺占魏国河东、河内之地的企图。对于秦国的野心，其他诸侯多少也心存疑虑。因为心存这些担忧，诸侯的联合也一度中断。

当然，虽说各怀心思，各有难言之隐忧，但这些都并不妨碍乐毅军事才能的发挥。因为有着出色的协调能力，乐毅可以暂时确保联军能够作为一个紧密的整体继续向前推进。因为有着超强的军事指挥才能，联军在乐毅的指挥之下，接连取得胜利，已经令齐湣王惶恐不安。

联军在乐毅的指挥之下，也由赵国方向展开出击，把目标指向济西地区，并迅速进攻灵丘。匆忙之中，齐国集结部分兵马，任命触子为将军，仓促迎战。齐湣王威胁触子说："如果你不能全力以赴地迎战，那我就会灭掉你的宗族，毁掉你祖宗的坟墓。"面对这样的威胁，触子多少有点恼羞成怒。在他看来，齐王不仅对自己缺乏应有的信任，同时也缺少起码的尊重。这一腔怒火，也对战争进程产生了重要影响。当乐毅指挥联军刚刚发起进攻时，触子就使用了一种特殊方式向齐湣王宣泄这种愤怒之情。他非但没有组织齐军进行顽强的抵抗，反倒是立刻就下令鸣金退兵，将战略要地灵丘就此拱手让给联军。一旦这道防线失守，联军就将获得深入齐国腹地的机会。

3. 紧追不舍

在齐国长期担任卧底的苏秦，其出色的情报工作，也为乐毅正面战场的指挥，起到了重要的保障作用。因为有苏秦悄悄进行的间谍工作，齐国军队一直在全力攻打宋国。燕国则作为齐国盟友出现，还在攻宋过程中起过辅佐作用，因此齐湣王对燕国毫无防备之心，由此便造成齐国北边防线形同虚设。

等到联军发起进攻多日之后，燕国军队仍是按兵不动。直到双方主力接战并缠斗多时，燕国军队发现时机已经成熟，于是突然举兵南下，并迅猛地攻击齐国防守虚弱之处，从而立即打乱了齐国军队的防守计划。

燕昭王对齐宣战，要比秦昭王晚了很久，想必也是出于类似考虑。联军的整体作战计划，在执行过程中也曾偶生波折，秦国的狂妄自大也令乐毅一度面临协调指挥的困难，但在战争前期仍能基本保持协调一致。

联军在乐毅的指挥之下，已经逐渐深入齐国境内。联军高歌猛进，齐军则是节节败退。齐湣王只得在匆忙之中重新布置防线。只是他临时组织的防线，实在是赢弱不堪，已经无法抵挡联军的持续进攻。在联军的前后夹击之下，齐军主力渐被消灭殆尽，剩下的只有迫不得已的负隅顽抗。

事实上，在经过攻打宋国的长期

战争之后，齐国军队已经有很大损耗。又经过济西之役，齐军精锐已经所剩无几。更要命的是，齐军的士气受到了严重损伤，触子的不战而退，只是齐军避战畏战的一个缩影。

当然，齐国并非全都是贪生怕死之徒。在齐军将领中，也并不都像触子这样选择不战而退。面对联军的猛烈进攻，达子还在试图挽回败局，要和联军决一死战。

当时，达子率领部分残余兵力，退守在秦周一线。这是临淄的最后一道防线，如果丢失的话，那么齐国都城就会彻底暴露在联军面前，而且也会因为无险可守而迅速沦陷。因此，达子必须顽强死守。只可惜齐国军队的士气实在是过于低落，无论如何动员都无济于事，达子只得另寻他途。无奈之下，他希望齐湣王加大赏罚力度，尤其是要通过重奖的方式来提振士气。为此，达子也曾多次向齐湣王申请追加经费，没想到始终遭到无情拒绝。

已经身处绝境之中，齐湣王并非舍不得花钱，而是齐国在经过长期的消耗战之后，家底儿确实给打没了。持续的攻宋战争，早已导致国库空虚，再想组织抵抗联军，那就会更加入不敷出。就连基本的后勤补给都已经出现困难，还要加大奖赏力度，这当然就会成为空谈。

不甘屈服的达子，只能勉为其难地继续硬着头皮指挥战斗。他带领为数不多的齐军，和五国联军又进行了一场惨烈的混战。因为寡不敌众，达子最终战死在沙场，临淄周围最后一道防线被联军突破。

此役过后，齐国都城已经彻底暴露在联军面前。眼看齐国就要面临着彻底的覆灭，各路诸侯忽然纷纷停下了前进的脚步。它们因为眼前的利益和危机，可以勉强地合兵一处，却也会在忽然之间，因为利益纠纷而产生激烈的分歧。对于如何处置齐国，瓜分眼前利益，它们始终无法达成统一意见。而且，长期出兵在外，国内也都有隐忧，总担心背后有一只黄雀。总之，因为有种种的顾虑和担忧，联军再次陷入分歧。

除了燕国军队之外，其他各路诸侯陆续都有了打退堂鼓的意思。秦国、韩国先后从齐国撤兵，魏国军队则趁机分兵进攻原属宋国的旧地，赵国军队则忙于收复河间地区。乐毅只能指挥仅有的燕国军队，继续由北向南，长驱直入地直扑齐国腹地。

对于乐毅而言，他必须继续坚持下去。因为他始终牢记燕昭王所赋予的复仇大业，肩负着覆灭齐国的重任，因此他必须向前、向前。即便其他诸侯的军队全部撤离，燕国军队也没有停下收手的迹象。

眼看燕国军队整体深入齐国腹地，老将剧辛表示出一丝担忧。他试图阻止乐毅的继续进兵。于是二人之间发生了一场激烈的辩论。

剧辛先是陈说："齐国是大国，燕国是小国，将军不要以为我们眼前的胜利来得容易。我们只是依靠着其他各国的帮助，才得以顺利击败齐军。"

在剧辛看来，燕国军队眼前所取得的胜利，主要是依靠各国诸侯的帮忙。既然诸侯已经撤兵，燕国军队就不宜孤军深入。毕竟齐国的实力占优，一旦齐国缓过劲来，燕国军队并不占任何优势，反倒会变得非常危险。

针对燕国军队所处的局势，剧辛也提出了自己的建议："眼下这种情形，我们应该及时地攻取齐国的边境城市，并抓住时机扩充燕国的疆土。这才是我们燕国长久之计，这才是我们的长久利益。如果我们指挥大军一味地深入，甚至放过可以攻打的齐国城市，这既无法对齐国造成损伤，同时也无益于燕国的发展。唯一的结果只能是与齐国结下更深的仇恨，将来必然会后悔的。"

客观地说，剧辛的分析不无道理。他的这番建议，也有可取之处。但是，乐毅始终不为所动。他对于齐国局势和敌我态势的发展，有着自己独到的见解，而且几乎都与剧辛完全相反。

乐毅分析道："齐王不仅好大喜功，而且刚愎自用。他在进行决策时，从不与部下认真商议，独断专横，造成众叛亲离。不仅如此，他又罢黜贤良，轻信那些诡谀小人，贪虐暴戾的政令也早已令百姓非常怨愤。在联军的持续攻击之下，齐国军队已经溃不成军，这正是我们乘胜追击的大好时机。在这种情况下，我们一定不能停止追击的步伐。"

在对敌我态势进行对比之后，乐毅还认为燕国军队的持续进攻，其实是争取民心之举。他指出："齐国百姓看到我们进攻的决心，必然会产生反叛之心，齐国内部必然会发生动乱，攻占齐国也就指日可待。反之，如果我们让这种时机白白地错失，等到齐王有机会痛改前非，依靠体贴臣下和抚恤百姓来收回人心，到那时候，我们再想发起进攻和决战，就更加难以取胜了。"

很显然，剧辛虽然能言善辩，但

他无法说服乐毅。在此之后，燕国军队
更加坚定了继续出击的决心，并加快追
击的步伐。燕国军队在乐毅的指挥之
下，猛烈追击败逃之敌。不久之后，他
们就杀到齐国都城临淄城下。

4. 齐都陷落

眼看燕国大军已经兵临城下，齐王
每天都如同热锅上的蚂蚁，坐立不安。

此时不得不提及的一个人是苏
秦，也即燕国派出的最强卧底。在苏秦
的劝说之下，齐国军队此前一直是集中
力量，全力以赴对付西线之敌。在燕国
方向，齐军则完全没有设防。而燕国军
队则因为有可靠的情报支援，攻击的都

是齐军防守虚弱之处。这样一来，战争结果便可想而知。

乐毅在正面战场的节节胜利，也就此宣告苏秦间谍身份的彻底暴露。齐王做梦也没想到，一直在身边帮助自己出谋划策的，竟然是个最危险的卧底。气急败坏的齐湣王，立即对苏秦施以车裂的重刑。

苏秦曾经对燕昭王表示忠心，说自己一定会像尾生那样，做个信守诺言的君子，如今他确实做到了。在经过长达十多年的长期而艰苦的隐蔽经营之后，苏秦终于等到了齐国的灭亡。他果真如尾生一样，因为一句诺言，而最终奉献了自己的生命。

都城已然不保，齐湣王只得仓皇

出逃。然而，他只能携带太后和少数兵马，惶惶如丧家之犬，狼狈地四处逃窜。因为他已经不知道何处才是安全之所，不知道何处才可以栖身。

齐湣王首先选择的出逃目标是卫国。这是一个在齐国面前长期自称小老弟的小国，所以卫国的国君不敢有丝毫的怠慢。起初阶段，卫国国君对齐湣王还是显得非常客气，不仅恭敬地向齐湣王称臣，还把宫殿让了出来给齐湣王居住，按期供给日常用品。按理说，这时候的齐湣王应该对卫国国君有所感恩，没想到他还是始终端着个臭架子，认为自己是上国之君，显得非常傲慢无礼。卫国人因此非常气愤，群起而攻之。

见此情形，齐湣王只得再次出

逃。这次他先后逃亡到了邹国和鲁国。但他仍然端着上国之君的架子，依旧是面带骄傲之色，仿佛是来视察的模样。如此一来，邹、鲁两国的国君也非常生气，随即决定闭门谢客。

无奈之下，齐湣王只得兜了一个圈子，又逃回齐国。当时只有即墨和莒邑等少数城池没有陷落，齐湣王于是选择逃进莒邑，企图继续据城固守。

乐毅指挥着大军浩浩荡荡占领了齐国都城临淄，随即便趁势在城内四处展开掠夺。齐国长期聚敛而来的珍宝财物，包括宗庙祭祀的重要器物等，都被燕国军队夺走。当初燕昭王为了讨好齐国，前后也曾向齐王赠送了不少珍宝，但此刻都已失而复得，悉数回到燕国人手中。乐毅吩咐手下人将难以计数的战利品，陆陆续续地运回燕国。

燕昭王闻讯大喜。攻占临淄，赶走齐王，这正是他期待多年和经营多年的结果，何况乐毅还从齐国夺回令人炫目的各种战利品。亲眼看到复仇的壮举已经完成，燕昭王显得无比兴奋。

是的，经过多年经营，历经千辛万苦，当初覆灭燕国的强敌，已经被燕国和乐毅踩在了脚下。

燕昭王立即亲自赶到济水岸边，举行了隆重的仪式来犒劳乐毅和他带领的军队。除了给全体将士奖赏酒肉之外，燕昭王还把昌国赏给乐毅，就此封乐毅为昌国君。

受到燕昭王的鼓励，乐毅当然没

有停下进攻步伐的理由。他继续率领大军，疯狂进攻齐国那些还没被拿下来的城邑。所以，接下来便是更加强劲的进攻，一座城池接着另一座城池。乐毅所率领的燕国军队仿佛开足了马力，永远没有停歇之时。

燕国军队持续保持着癫狂状态，在齐国境内四处转战，不断创造着新的战果。在经过持续五年的艰苦作战之后，燕军已经接连攻占齐国七十多座城邑。乐毅宣布将这些新占领的城池全都划为郡县，自此归属燕国。当然，此时的燕国军队也已经出现了一丝疲态，乐毅只得就此下令军队就地进行休整。

要说起来，齐军的防守也并非完全一盘散沙，也有不少城邑因为有出色的将领，在继续组织顽强的防守，而且始终没有投降的迹象。只是因为有乐毅的出色指挥，这些城邑也都只能陆陆续续地陷落。

曾经不可一世的齐国，渐渐只剩下莒邑和即墨这两座城池没被攻占。是的，仅有的两座孤城！而且遭到团团包围，已如同风中之残烛，所有人都不知道齐国还能坚持多久。浑浑噩噩的齐湣王，此刻已经如同泥菩萨过河自身难保，自然更不会知道。齐湣王不仅无法把控齐国的命运，而且还将会被自己请来的救兵所杀死。

这当然是非常滑稽的一幕，楚国就是齐国千辛万苦等来的救兵，但无疑也是猴子请来的救兵。当诸侯陆续都对齐国施以重拳之时，只有楚国试图帮助齐湣王挽回败局。

楚王派淖齿率领大军前来救援，这让齐湣王一度看到了挽回败局的希望。淖齿随即就被齐湣王任命为相。没想到这支眼巴巴盼来的救兵，不久之后就成为齐湣王的噩梦。淖齿在到达齐国之后，忽然改变想法。他非但没有拯救齐国的打算，反倒是想和燕国合兵一处，就此瓜分齐国。

落毛的凤凰不如鸡，齐湣王迅速被淖齿抓住，随即便遭到一番痛斥："千乘和博昌之间的方圆几百里，老天曾经下过血雨，而且浸湿衣服，作为齐王，你知道吗？"

齐湣王此时早已没有了往日的威

严，唯唯诺诺地回答："知道。"

"在嬴邑和博邑之间，曾经发生大地崩塌和泉水上涌的事情，身为齐王，你知道吗？"

"知道。"仍是唯唯诺诺的样子。

"有人堵着宫门哭泣，却不见人影，离开时却又声响可闻，身为齐王，你知道这些事吗？"

"知道。"齐湣王更加垂头丧气。

淖齿愤慨地说道："天降血雨，这是上天在警告你；地崩泉涌，这是大地在警告你；有人堵着宫门哭泣，这是人心在警告你。天、地、人都在向你发出警告，而你却始终不知悔改，你的罪行实在是无法饶恕，也只能以死谢罪了！"

在说完这些话之后，淖齿就在鼓里将齐湣王处死了。

齐湣王死后，太子法章一度隐姓埋名，悄悄地躲在太史嫩家中，但后来终究还是被人们发现了。太子法章非常害怕别人会加害于他，一直东躲西藏，完全没想到自己还会有机会登上齐王的宝座。要说起来，这一切其实要归功于莒城的百姓。他们对淖齿企图趁机瓜分齐国的野心渐渐地有所察觉，由此而意外地拯救了法章。

当时，是王孙贾首先来到集市，趁着众人聚集的时候振臂高呼："淖齿想搞乱齐国，已经悄悄杀死我们的君王。大家有没有愿意和我一起去杀死淖齿的，有的话就请把右臂举起来！"很快就不断地有人把右臂举了起来，而且有四百多人愿意跟随王孙贾。他们对淖齿发起突然袭击，并成功将其杀死。

国中不可一日无主。齐国的大臣们四处努力搜寻齐王的儿子，想将其立为新王。听到这一消息，法章更加感到害怕，过了很久才敢说明自己的身份，于是被拥立为王，这就是齐襄王。登上王位之后，法章随即宣布："齐王已经在莒地即位！"齐国军队受到鼓舞，继续坚守莒城，顽强地抵抗燕军的进攻。

5. 触底反弹

齐国军队本来战斗力不是很弱，但随着大小城市的相继丢失，士气已经非常低迷，这便给了乐毅长驱直入的良机。但是，齐国毕竟是一个强国，很难被最终击倒。

不到最后一刻，就不能轻言胜利。这一道理，乐毅其实也非常明白。为了继续扩大战果，乐毅也在不断地进行调整。不仅是调整军队的作战状态，而且还要调整与当地民众的关系。他深知收买民心的重要性，因此宣布整肃军纪，不允许军队再发生进入临淄时大肆掠夺的行为。每占领一座城池，就宣布大幅度减免当地民众的赋税。他征求民意，将齐国曾经制定的那些非常严苛的法令一一废除，同时也将那些受到民众欢迎的良好传统一一恢复。与此同时，乐毅命令手下在齐国境内四处寻访隐

士与高人，并且给予高规格的礼遇，
向他们讨教治理齐国的良方。

　　为了更好地收买民心，乐毅还亲
自赶往临淄的城郊，参加当地民众祭祀
齐桓公和管仲的典礼。为了拉拢、收买
王公贵族和当地士人，乐毅下令高规格
整修已故齐王的陵墓。对于那些愿意投
靠燕国的贤良之才，则利用各种时机，
高规格地给予表彰。

　　燕国的这些收买人心之举，在短
时间之内确实取得了很好的效果。从民
众到士人，乃至部分达官显贵，都渐渐
地忘记了国土沦丧之苦，转而变得欢欣
喜悦。那些一度心怀强烈抵触情绪的齐
国贤良之士，也都纷纷地接受了燕国所
封给的爵位，并开始陆续领取燕国所赐

予的俸禄，从此甘于接受燕国的统治。通过长时间的辛苦经营，燕国军队在已经攻占的各座城池中，逐渐站稳脚跟。乐毅不仅陆续完成了设立郡县的任务，而且也初步实现了良好的治理目标。

当然，即便乐毅已经使尽浑身解数，而且已经达成初步效果，也并非一切都在朝着有利于燕国的方向发展。齐国作为绵延很久的老牌强国，随时还有可能迎来触底反弹。

乐毅听说昼邑有个叫王蠋的，不仅非常贤良，而且很有名气，于是立即前往造访。为了表示诚意，他下令燕国军队一律驻扎在昼邑三十里之外，不得做出任何扰民之举。此后，他还派人陆续送去高档礼品，试图对其进行拉拢。

但是，即便如此，每当他派人诚恳邀请王蠋出山时，还是遭到其明确谢绝。

眼见软的手段不行，燕国人立即改用硬的一套。他们派人对王蠋发出措辞严厉的威胁："你要是胆敢不来的话，我们立即就在昼邑开始屠城，无论男女老少，都一概杀死！"

燕国军队既然是一支复仇之师，而且已经在攻占齐国都城的过程中留下了斑斑劣迹，王蠋本来就不相信他们所宣传的那套仁义道德，所以一直拒绝与燕国军队展开任何形式的合作。然而，令他没有想到的是，就在一夜之间，自己的性命竟会与全城百姓的安危紧密联系起来，并让自己左右为难。看到燕国军队更加急迫地紧逼，王蠋非常无奈地长叹一声，说道："忠臣不事二君，烈女不更二夫。可叹如今这齐国，山河已破，国君已亡，区区如我，既不能保全昼邑，更不能守卫疆土，而且眼下还受到燕国人逼迫，连累全城百姓。既然如此，我就不用再苟且偷生，不如以死明志！"在说完这些话之后，他找到一棵大树，自缢而亡。

王蠋这种宁为玉碎，不为瓦全的顽强态度，令燕国将士非常吃惊，也令乐毅心惊不已，同时也极大地鼓舞了那些仍在顽强抵抗燕军的齐国壮士。

乐毅更加明白，齐国并没有被他彻底征服。不仅没有被彻底征服，甚至还会有更加顽强的抵抗，困难和凶险都在等待着燕国军队。

在这之后，乐毅更加不敢怠慢。他随即对齐军的残余势力组织了更加猛烈的进攻。在短时间之内，他调集大军对齐军展开了多路出击：左路军在胶东和东莱一带强行渡过胶水；右路军则沿着黄河和济水这两条水路一直向前推进，此后又抢占东阿与鄄城，与魏国军队形成了很好的呼应之势，令齐军不敢轻举妄动；前军则沿着泰山脚下，一路向东，抵达渤海，继而再向琅琊发起猛烈进攻；后军则沿着北海前行，借机占领千乘一带；中军则牢牢占据着临淄，将齐国都城始终据为己有。

这一波多路出击，使得燕国军队更加牢固地掌握了战场主动权，同时也逼得齐军退无可退，守无可守。在燕国军队的持续进攻之下，齐国最后只剩下两座孤城：莒邑和即墨。两座孤城，实则是齐国最后的遮羞布，而且被燕国军队团团包围。

此时此刻，燕军形势可谓一片大好。然而，幸福的日子总是来得快，去得也快。令乐毅本人都没想到的是，一切都会在转瞬之间发生急剧变化。

包括燕王在内，燕国上下都严重低估了齐国军队触底反弹的能力，因此很快便出现了不当之举，为齐国送来了神助攻。一直靠前指挥的主帅乐毅，被燕王临时撤换。此举使得乐毅多年辛苦经营的大好局面，瞬间化为乌有。与此同时，齐国方面则找到田单这样的出色将领。也正是这简单的走马换将之举，

立即造成战争决策层的此消彼长，双方
对抗的形势也随即发生天翻地覆的变
化。齐军竟然以仅有的两座城池作为资
本，意外地来了个绝地反击。

6. 田单巧施连环计

田单受命于危难之中，竟然挽狂
澜于既倒，就此止住了齐国继续坠往深
渊的趋势，改变了齐国的发展走向。只
是有一点让人略感遗憾：田单即便再出
色，他也不敢与乐毅展开正面交锋，
而是想尽一切办法令燕王将其撤换。

不错，虽然此后田单依靠出色的
连环计，成功地击退了燕国军队，并恢
复了齐国大部分领土，但仍给人以不敢

和高手过招儿的感觉。

当初，由于联军的步步紧逼，田单率领族人匆忙逃到即墨城内。不久之后，田单就因为出色的组织领导能力而被推举为首领，全权负责指挥即墨的防守。

"齐国还有救吗？我们还有希望吗？"田单几乎每天都会遇到这样的提问。有来自大人的，也有来自孩子的，有来自士兵的，也有来自百姓的……几乎人人都像霜打的茄子，希望从他这里找到答案。

然而田单并没有答案，甚或对于齐国也并没抱太大希望。但是，不管别人如何询问，他都会耐心而又坚定地回答说："有！"虽说这种回答并不会对提振士气有实质性作用，甚或田单本人对于拯救齐国也没抱太大希望，但他必须这么回答。他必须要坚持，必须要给大家灌输信心。先从做好防守开始，确保即墨这座孤城不会丢失。

虽说田单有视死如归的决心，但燕国军队毕竟在实力上占据着明显优势。要想凭借着少量守军击败强大的来犯之敌，绝非一件易事。每当站在城头巡视，看到城外密集的燕国军队，再想到对方拥有一位名叫乐毅的主帅，田单就会从内心深处感到一丝绝望。但他别无选择，因为没有退路，必须死扛！全城将士也都没有退路，扛不住也得扛！

田单知道，要想实现以弱胜强，达成起死回生的效果，就必须要想尽一切办法，大胆地使用计谋，并依靠奇兵制胜。一味死守，是没有出路的，城池迟早都会被攻破。但是眼下的即墨，不仅毫无反击机会，甚至连守住城池都显得非常困难。

就在命悬一线之际，齐国和即墨都意外地获得了续命的良机。公元前278年，成功率领燕国实现复仇大业的燕昭王，在执政长达三十三年之后终于去世，继位的是燕惠王。不过，新君即位，并没有给燕国带来新气象，反倒是为齐国和田单送来神助攻：乐毅面临被撤换的危险。

要说起来，燕惠王和乐毅可谓结怨已久。早在燕惠王做太子时，他就已经和乐毅关系不睦。听到燕惠王登上王位的消息之后，田单仿佛立即抓到了一根救命稻草，认为这是天赐良机。他正好可以派遣间谍施展离间计，争取让燕国国君与乐毅的关系进一步恶化，争取让燕惠王早日换帅。

其实田单很早之前就已想到过使用离间计，早日将乐毅换走。他此前曾布置卧底在燕国四处散布谣言，说乐毅因为对燕国怀有异心才会放过即墨和莒邑。以乐毅的能力和当时燕军的气势，拿下这两座孤城，实则易如反掌，但乐毅始终围而不攻，只是在等待称王的时机而已。

在胸怀大志的燕昭王面前，田单的这套把戏毫无作用。即便流言四起，燕昭王听到之后也只是微微一笑，而且从未对乐毅产生过任何怀疑，田单的离间计因此没有施展的可能。

但是眼下，与乐毅有矛盾的燕惠王已经即位，田单绝不会放过这一大好时机，因此他一定会故技重施，给燕惠王尽量多灌一些迷魂汤。

田单立即派人来到燕国四处散布谣言，刻意编造各种离奇故事，进而从中剖析乐毅的险恶用心。编造的谣言有千万种，但中心内容大同小异，大概意思是这样的："齐国城邑几乎都已经被乐毅攻占了。目前没有攻下的，也只剩下两座城邑罢了。眼看成功在即，但乐毅一直按兵不动，只是因为乐毅存有私心。他之所以停下进攻的步伐，听说是和燕国新君存有隔阂。不仅如此，乐毅还故意拖延时间，长久逗留在齐国，还想长期占据齐国，寻求南面称王的机会。所以，齐国对乐毅并不是非常担心。所担忧的是，只怕燕国派出别的将领，并就此加快进攻的步伐。那样的话，即墨城怕是立即不保。"

在燕国内部，此前已经一直有人在燕惠王面前打小报告，说乐毅既然有能力顺利攻占齐国七十多座城池，就不至于连即墨和莒邑这两座城池还拿不下来。他的这种拖延战术，一定是心怀不轨。

燕惠王本来就对乐毅充满疑心，此刻又受到齐国离间计的干扰，立即就下定了走马换将的决心。不久之后，他就派出骑劫替代乐毅，临时出任燕军主帅，并且想尽一切办法，试图将乐毅就此召回燕国。

骑劫按照燕惠王的命令，如期来到齐国赴任。他替代乐毅为将，继续指挥部队围攻即墨。但乐毅知道燕惠王心存歹意，并不敢就此回到燕国，而是改道逃往赵国。

燕军上下本来都在全力准备对即墨发起最后一击，忽然得知这一消息，都不免心生诧异。劳苦功高的主帅尚且只能获得如此下场，众将士都不免会因此感到愤愤不平，于是导致军心涣散，这便给田单的反击创造了更好的条件。

无才无德的骑劫当上主帅之后，天真地以为自己也能像乐毅那样砍瓜切菜般拿下齐国最后两座孤城，因此态度非常骄横。他们不断地轮番挑战，引诱齐国军队出城迎战。田单则不为所动，而是异常冷静地耐心等待反攻时机。

为了进一步激励守城将士，田单想尽了一切办法。他通过间谍向燕军散布假情报说：齐国人最怕的是被割鼻子和挖祖坟。一旦齐国俘虏的鼻子被割，或是齐人的祖坟被挖，那么守城将士一定就会因此而军心涣散。

这是田单激励士气而使用的苦肉计，骑劫很傻很天真，对这些话都信以为真。为了早日拿下即墨，骑劫随即下令将齐国俘虏全都割掉鼻子，并将他们赶到即墨城下向城内守军示威。与此同时，他还下令将即墨城外的坟墓全都挖开，甚至连尸骨也架起来焚烧。

不难想象骑劫这一番瞎折腾的结果，即墨城内的齐军忽然之间就变得气势如虹。他们决心誓死保卫即墨，要与燕国军队展开一场生死决战。齐国百姓受此大辱，无不痛哭流涕，更加坚定地协助齐军守城。

田单认为决战时机已经到来，随即又向燕军使出了诈降计。他悄悄地布置了城内守军假投降的把戏。其时，燕国军队经过长期征战，已经非常疲惫，听到城内的齐国军队即将投降的消息后，人人欢呼雀跃，随即由此而放松警惕，斗志也随之而松懈。为了更好地麻痹燕军，田单在城内大量收集金银财宝，让当地富豪偷偷地赠送给燕军将领，并央求他们：在即墨全城投降之后，希望他们不要掳掠自己的家族和妻妾。燕将对于这些请求也都信以为真，当即爽快地接受了礼物，并同意善待富豪家小。燕军上下由此而变得更加松懈。

不知不觉之中，田单已经悄悄布置完成了反攻决战的各种准备工作。城外的燕国军队却浑然不觉，几乎成为一群待宰的羔羊。

看到反攻时机终于成熟，田单又使出奇招。他将城内千余头水牛集中到一起，并在牛角上绑上利刃，牛尾则扎着浸过油脂的芦苇，同时还给这些牛都披上五彩的龙纹外衣。田单决意将这些奔牛打造成勇猛无畏的战士，静等风高夜黑之时，派它们去冲锋陷阵。为了更好地鼓舞士气，田单还将自己的妻妾都编入战斗队伍之中，全力以赴地做好对燕军的最后一击。

田单终于等到风势很急的合适天气。深夜时分，他下令士兵点燃牛尾所缚芦苇，驱赶着这些火牛出城，随后便是一路狂奔，直冲燕军大营。等到燕军醒悟过来，眼前已是火光冲天，而且漫天的火光之中又看到无数身后冒火的怪物直冲过来，更为可怕的是牛角上绑着利刃，而且见人就顶。燕军将士无不感到惊慌失措，瞬间乱了阵脚。齐军则乘势掩杀过来，燕军更加乱作一团，人马互相践踏。燕军主将骑劫从未见过这种阵势，也在混战之中被杀。

此后，田单率领齐军乘胜追击，趁势收复了当初所丢失的七十余座城池。齐国也由此而得以复国。

四、蒙冤

1. 再回赵国栖身

燕军方面，本来形势一片大好，眼看着齐国全境已是唾手可得，没想到形势在一夜之间发生了变化，而且是天翻地覆的变化。田单指挥齐国军队乘胜追击，燕国军队只得狼狈地向后撤退。由于局面反转，攻守形势发生改变，带动双方士气随之发生变化。当初已被打散的齐国军队，不知道从何处忽然冒了出来，对燕国军队持续展开穷追猛打，很快就将燕军全部逐出国境。

这种局面的出现，不仅出乎燕惠王的意料，也完全出乎乐毅的意料。甚至所有人都想不到局势翻转得如此之快。当初，乐毅一直在高歌猛进，却将齐国仅有的两座孤城围而不攻，想必也有着自己的打算。他深知困兽犹斗的道理，也对《孙子兵法》中"围师必阙"的主张谙熟于胸，因此他才决定暂时采取缓攻，不给敌军以绝境反击的气势和机会。他想再等等，等到城内齐军缺衣少粮之时，只能乖乖地出城投降。

虽说乐毅对于战争全局有着很好的把控，对于何时进何时退也有着周密的计划，没想到却在忽然之间被无故替换。眼看自己辛辛苦苦培育多年的果树，被别人忽然之间摘了果子。这种事情，无论发生在谁身上，想必都会非常不悦。但他万万没有想到的是，顶替他的骑劫是如此不济事，顷刻之间便将自己经营多年取得的优势拱手让出。这骑劫远道而来原来并不是为了摘果子，而是就此将果树连根砍断，顺带也砍死自己。

眼看燕军形势急转直下，乐毅急火攻心。但此时，他已经完全无力阻止颓势。不仅如此，乐毅只能知趣地选择出逃。他明白燕惠王的临时换帅，一定是充满歹意。因此，他非常担心自己回到燕国后，会立即遭遇不测。于是他改道向西，打算投奔赵国。良禽择木而栖，乐毅出于迫不得已，只能做出如此选择。

　　大概在昏昧的燕惠王看来，他只是在大局已定之时，临时换了一位主帅而已，完全没料到形势会出现如此翻天覆地的变化。燕军损兵折将，不免让他感到痛心。已经得到的大片领土，被迫拱手让出，也令燕惠王追悔莫及。

　　对于已经逃到赵国的乐毅，燕惠王是又恨又怕。燕军颓败的局面已经无法挽回，不过这还不是燕惠王最为担心的事情。燕惠王最担心的是，赵国会立即重用乐毅，而且会趁着燕国师老兵疲之时，全力攻打燕国，从而再次将燕国推向万劫不复的深渊。

　　燕惠王有这种顾虑也不无道理，

毕竟乐毅曾经长期在赵国栖身，与燕国只是一种临时的合作关系。所以，乐毅此时的真实想法，燕惠王完全无法捉摸。经过慎重考虑，他写了一封信，派人亲手交给乐毅。

书信的内容，燕惠王也经过了反复考虑。他一面向乐毅表示道歉，一面也多少带有一丝责备之意。信中说："先王因为对将军有着充分的信任，曾把整个燕国完全委托给将军。而将军也不负重托，身为燕国主帅，带领着多国联军打败了强大的齐国，同时也替先王报了深仇大恨。将军的这一壮举，天下人都已经看到，没有不感到震撼的。我作为燕王，哪里有一天敢忘记将军的功劳！"

这些尚且属于感谢的话语，多少令乐毅感到一丝温暖，没想到接下来则画风突变。燕惠王不仅要为自己进行开脱，还对乐毅进行委婉的规劝。燕惠王说："就在形势向好之时，没想到先王突然辞世，我只得匆匆忙忙即位。因为我的愚昧，导致我的身边出现了一些小人，并就此影响了我的决策。我之所以会派出骑劫替换将军，既是受到他们的影响，也是考虑到将军长年在外征战，一直风餐露宿，非常辛苦。因此我想召回将军，让您暂时休整一下，同时也好当面与您共商朝政，议定大局。没想到将军就此误听了别人的传言，认为和我之间存在着隔阂，就此抛弃燕国而转投赵国。将军此举完全是在为自己打算，想好了退路，虽说也未尝不可，但又怎么对得起先王的一片深情厚谊呢?!"

燕惠王的这番措辞，绵里藏针，在尖酸刻薄之外，还带着甩锅的意图。乐毅当然明白他的话外之音。乐毅的内心虽然感到极度的不快，但还是准备进行认真的回复。

2. 一封特别的回信

经过再三斟酌，乐毅决定认真地给燕惠王写一封回信。他不仅是给燕惠王一个回复，同时也想给全体燕国人乃至全天下人一个交代。

在信中，乐毅首先是用一番自谦之词来回击燕惠王的狂妄自大，并解释了自己转道赵国的原因。他写道："臣下本来就没有什么才干，因此也无法恭敬地遵奉您的命令，更无法顺从您身边那些人的意愿。我非常担心回到燕国之后会遭遇各种不测之事，也不敢因此而有损于先王的英明，或者是有害于您的道义和口碑，因此才会选择逃到赵国避难。如今，您派人来到这里，已经明确地指出了我的罪过，这让我感到更加的担心。我担心先王的那些侍从，始终无法真正体察先王收留我宠信我的原因，同时也无法体察我专心事奉先王的忠诚之心，所以请允许我冒昧地写这封信来认真回答您。"

接下来，乐毅用很多笔墨夸赞燕昭王的贤达，以及给予自己的极大信任。燕昭王所作所为，都与燕惠王形成了鲜明对比。乐毅用很多笔墨进行回顾，用意不难理解。

乐毅写道："我听说那些贤能而又圣明的君主，从来不会拿高贵的爵禄赏给那些和自己亲近的人，而是一切按照功劳和能力来进行封赏。功劳多的，就一定给以丰厚的奖赏；能力出众的，就会给予充分信任并委以重任。也就是说，必须认真地考察官员的才能，然后再根据情况适当地授予相应的官职。只有这样的君主，才能够成就大业。与此同时，还要认真衡量每一位官员的品行，觉得品行出众的，才会与其深入交往，把那些真正能树立美好声誉的贤能之士选拔出来，并陆续地委以重任。我曾在暗中观察先王的一举一动，看到他确实具备了超出一般君主的心志，因此才会借出使之机来到燕国。在经过一番交谈和进一步考察之后，也心甘情愿地投靠先王。此后，先王非常抬举我，先是把我列入重要宾客之中，接着又破格提拔重用，而且职位高居群臣之上。他并没有和父兄及宗亲大臣商议，就直接任命我为亚卿，对我给予了充分的信任。因为有这种信任，加上我本人又缺乏自知之明，所以欣然接受了任命。我一度认为，只要是执行先王的命令并接受先王的教导，就能够幸免于难，同时也不会犯下什么错误，因此对于先王赋予的重任不做任何的推辞。"

燕昭王是充分地信任，燕惠王则

是极度地猜忌，二者之间正好形成了鲜明对比，令乐毅不能不更加动情地回忆以往与先王的交往经历。接下来，乐毅便要说起燕昭王交给自己的任务，以及他本人完成任务的情况。

"先王曾指示，不用考虑燕国的弱小或齐国的强大，始终要把向齐国复仇作为首要的职分。我回复先王说，齐国保留着霸国基业，军队也有多次取胜经验，士兵训练有素，因此必须与各路诸侯联合，才能击败齐国。而诸侯之中，首先是要考虑与赵国结盟。先王非常认可我的主张，因此才会派我到赵国等地担任联络任务。经过艰苦的联络和准备，我们才获得联合发兵攻打齐国的基础，赢得了复仇的机会。是上天的引导给予我们信心，是先王的神威帮我们下定决心，再仰仗着赵、魏等国军队的配合，我们才能把齐国打败。此后，我们指挥精锐部队长驱直入，一直攻占了齐国的国都。齐湣王侥幸得以逃脱，只身逃到莒邑，但是齐国积攒的那些珠宝、战车及珍贵器物等，全部都被我们缴获并送回燕国。尤其是当初那些被齐国掠走的，原本就属于燕国的宝鼎，又被我们重新夺了回来。齐国的珍贵物产不计其数，被我们大量收入囊中。可以毫不夸张地说，先王建立的功业，早就远远超过春秋时期的五霸。在这之后，先王认为志向已经得到满足，愿望也已经初步达成，因此又对我破格给予赏赐，还划出一块封地作为奖赏，使得我能比肩那些小国的诸侯。"

在追溯自己所获先王的信任和已经建立的功业之后，乐毅当然不会忘记再对燕惠王教训几句。他继续写道：

"我听说只有那些贤能而圣明的君主，才能够建立功业，才会被记载在《春秋》之类的史书上，此即所谓名垂青史。只有那些富有远见的贤能之士，能够取得很好的名声，所以才能被后人长久地称颂。能够像先王那样报仇雪耻，以弱小的国家打败千乘之国，还缴获齐国八百多年所积攒的各种珍贵宝物，这种功业一定可以名垂青史。"

这些话，表面看是称颂燕昭王，其实也是在夸耀自己的贡献。写到这里，估计乐毅内心会忍不住暗骂燕惠王几句：与先王的功业相比，你这冥顽不灵的小子，将来一定会臭名远扬。但是，他想了又想，还是忍住了，最终没有写在纸上，而是继续借称赞先王来教育燕惠王该怎样做人。

"先王在辞世之日，还留下宝贵的政令训示，指示我们这些执政的臣子，一定要始终谨慎守法，并把恩泽推及到平民百姓身上。先王的这些训令，都可以用来长久地教导后代。"

充满愤慨之情的乐毅，终于忍不住要挖苦燕惠王几句，借追溯伍子胥的遭遇，对燕惠王败坏祖先基业的做法进行了批评：

"我听说善于开创功业的，并不一定能善于守成；开端很好的，不一定结局就好。从前，伍子胥的主张一般都会被吴王阖闾所采纳，因此吴王才能带兵一直击败楚军，直至攻入楚国的郢都。但是到了后来，吴王夫差不愿意采纳伍子胥的正确建议，反倒是逼他自杀，甚至还把他的尸骨装进袋子里，扔到江里喂鱼。吴王夫差的做法，实在是太过分了。他不明白先前伍子胥是帮助吴国建立不朽功业的功臣，反倒把伍子胥逼死，甚至是沉入江底也从未有悔意。当然，伍子胥也因为无法预见吴王的气量，和夫差有着不同的抱负，由此而蒙受大难，以致死不瞑目。"

写到这里，乐毅其实已经将想要表达的真实想法，都完全说清楚了。但是，他还是不忘对燕惠王再告诫几句，并进一步解释自己栖身赵国的原因。他说："建功立业之后，努力免遭杀身之祸，并进一步阐明和发扬先王之事迹，这当然是我的上策。遭到侮辱甚至是诽谤，由此而毁坏先王的名声，这是下策，也是我最为担心的事情。因为将要面临着难以预测的罪过，我也只能把幸免于杀身之祸作为自己的首要选择，已经不敢再为个人渔利。我其实也是恪守道义之人，始终不敢做一些不该做的事情。"

当然，在写完这段话之后，乐毅还不忘再写几句道别的话，而且努力地让自己的情绪渐渐平复。他说："我听说古代的仁人君子，即便是在绝交的时候，也绝对不会去说别人的坏话；忠良的臣子即便是在离开自己原来的国家时，也不必去洗净自己所遭受的罪过和冤屈。虽说我是一个无能之辈，却已经多次聆听君子的教导。但我还是担心先王的侍从在听信大王左右近臣的谗言之后，不愿意体察我的各种行为，毕竟我是一位已被疏远之人。因此，我才会通过这封信把自己的心意表达出来，希望大王能够稍加留意。"

3. 往返于燕、赵之间

针对燕惠王的责难，乐毅不厌其烦地进行了有礼有节的回复。看到乐毅的这封回信，燕惠王即便是再高傲，多少也会在内心深处掀起一波微澜。不久之后，他就向乐毅做出示好之举。乐毅的儿子乐间滞留在燕国，燕惠王非但没有加害于他，反而在不久之后封其为昌国君。

要是细究起来，燕惠王对于乐毅这种态度上的改变，多少也与赵惠文王有关。乐毅来到赵国后，赵惠文王对其十分尊崇，立即将观津分封给他，封望诸君。赵王做出此举，不仅是出于对乐毅的重视和回报，还有震慑其他诸侯的用意。一旦军事才能出众的乐毅能够在赵国受到重用，立即可以对燕国和齐国起到一定的警示作用。

燕、赵两国山水相连，可以有机会成为好邻居，但也会随时产生利益上的纠纷，乃至发生冲突和战争。据说赵国在看到燕国重新陷入危境之后，一度征求乐毅的意见，商量着趁机伐燕的可能性。

赵王问乐毅："燕王听信谗言将您临时撤换，这显得非常不仁道。在攻打齐国的过程中，燕国已经产生了巨大的损耗，此时已经民心离散，正是可以讨伐的好时机。依先生之见，现在可以出兵对其进行征讨吗？"

乐毅听到这番话，连忙对赵王进行劝阻。只见他痛哭流涕地说道："我对于燕昭王一直忠心耿耿，而且和对大王您的忠诚并没有任何差别。如果我转投他国之后，别人怂恿我率兵攻打赵国，我一定不会同意。如今对于燕国，我也是这样的态度，所以请大王原谅，我不会就此出兵攻打燕昭王的后嗣。"

看到乐毅的态度如此诚恳而又坚决，赵王只得就此放弃攻打燕国的念头。虽然遭到拒绝，赵王对乐毅的态度并没有因此而发生任何改变。既然燕惠王已经明确做出示好之举，乐毅也便顺势与其重新交好。毕竟乐毅还有儿子在燕国任职，双方各自退让一步，于是才能求得彼此的心安。相对而言，乐毅更喜欢留在赵国，并能从容地在赵国得到善终。这不仅是因为他对赵国更加熟悉，更是因为赵惠文王能够给予其更高的礼遇。

当然，由于和燕惠王已达成和解，乐毅也经常会在赵、燕两国之间往返，两国都继续任用他为客卿。

　　乐间居住燕国长达三十多年，一直和燕王相安无事。当听到赵国被秦国击败的消息之后，燕王喜曾听信宰相栗腹的建议，打算趁机攻打赵国。出兵之前，他还询问乐间的意见。乐间对此坚决表示反对，他说："赵国曾长期同四方诸侯交战，就连老百姓都非常精通军事技能，如果乘人不备，贸然发起攻击，肯定是行不通的。"燕王不听劝告，继续坚持出兵。赵国将军廉颇在鄗地将燕军打败，还擒获了栗腹和乐乘。由于乐乘与乐间的关系，乐间也逃到了赵国。此后，赵国又向燕国发起复仇之战，燕国被迫割地求和。

　　燕王喜非常后悔没有听从乐间的劝告，于是给已经身处赵国的乐间写信，希望他能向箕子和商容学习，继续保持忠诚和高尚的美誉，并给燕王以悔改的机会。但是，此时的乐间、乐乘都已不再相信燕王，最终选择留在赵国。因为有乐毅的面子在，赵王封乐乘为武襄君。

等时光又过去多年之后，汉高祖刘邦曾经过原来的赵国属地，忽然想起寻访乐毅的后代，当地人回答说："有个叫乐叔的。"汉高祖于是就把他封为乐卿，号华成君。这位华成君，就是乐毅的孙子。

在乐氏家族中，还有乐瑕公、乐臣公，他们都是在赵国即将被秦国灭掉之时匆忙逃到齐国避难的。逃到齐国的乐臣公，因为长期研究黄老之学，也被

齐国人尊为贤师，一度很有名气。据说
辅佐汉高祖成就帝王之业的大名鼎鼎的
曹相国，正是乐臣公的徒孙。看来人们
并没有因为乐毅曾经率兵攻击齐国，而
将仇恨记在他的后人身上。

　　战争的残暴，足以改变世间的一
切。那些有能力发起战争的人和那些有
能力阻止战争的人，始终都会在各地受
到欢迎。

出版说明

　　"新编历史小丛书"承自20世纪60年代吴晗策划的"中国历史小丛书",其中不少名家名作已经是垂之经典的作品,一些措辞亦有写作伊初的时代特征。为了保持其原有版本风貌,再版过程中不做现代汉语的规范化统一。读者阅读时亦可从中体会到语言变化的规律。

新编历史小丛书编委会

图书在版编目（CIP）数据

乐毅传 / 熊剑平著 . — 北京：北京人民出版社，
2023. 11

（新编历史小丛书）

ISBN 978-7-5300-0595-8

Ⅰ. ①乐… Ⅱ. ①熊… Ⅲ. ①乐毅—传记 Ⅳ.
①K825. 2

中国国家版本馆 CIP 数据核字（2023）第 067373 号

责任编辑　王铁英　张　帅
责任营销　猫　娘
责任印制　燕雨萌

新编历史小丛书

乐毅传
YUE YI ZHUAN

熊剑平 著

出　　版　北京出版集团
　　　　　北京人民出版社
地　　址　北京北三环中路 6 号
邮　　编　100120
网　　址　www.bph.com.cn
总 发 行　北京出版集团
印　　刷　北京汇瑞嘉合文化发展有限公司
经　　销　新华书店
开　　本　880 毫米 ×1230 毫米　1/32
印　　张　4.875
字　　数　43 千字
版　　次　2023 年 11 月第 1 版
印　　次　2023 年 11 月第 1 次印刷
书　　号　ISBN 978-7-5300-0595-8
定　　价　24.80 元

如有印装质量问题，由本社负责调换
质量监督电话　010-58572393